Inhaltsverzeichnis

Einleitung

Kennst du das auch? Eigentlich könnte die Zeit in der Familie wunderschön und jeden Tag aufs Neue aufregend sein. Wenn doch nur das Kind nicht so furchtbar trotzig wäre und immer den eigenen Willen durchsetzen will. Kein Wunder, dass so viele Eltern sich gestresst fühlen und nicht immer die Energie aufbringen können, ihrem Kind Geduld und Verständnis entgegenzubringen.

Dabei sind Trotzphasen wirklich etwas ganz normales und gehören zu Kindern mit dazu. Den eigenen Willen durchzubekommen, Grenzen zu testen und zu schauen, wie weit sie gehen können. Oder einfach das fehlende Verständnis für die ganzen Regeln – auch das ist eine Ursache für die bekannten Trotzphasen. Stellt sich nur die Frage, wie der Umgang mit trotzigen Kindern denn am besten funktioniert und wie der Alltag einfacher gestaltet werden kann.

Willst du weniger Stress, mehr Entspannung und viel mehr Spaß in deinem Familienalltag haben? Dann brauchst du vor allem eines: Die richtige Einstellung! Danach geht alles viel einfacher, trotzige Phasen stören nicht mehr so sehr und selbst mit den lebhaftesten Kindern macht der Alltag dann wieder Spaß. Regeln sind für eine funktionierende Familie schließlich sehr wichtig – doch die innere Einstellung der Eltern ist genau der Punkt, der in der Realität den Unterschied macht. Desto gestresster und ungeduldiger du selbst bist, desto mehr überträgst du diese Eigenschaften auf deine Umwelt. Kinder sind besonders sensibel für eine solche Stimmung und reagieren mit Trotz, mit Protesten und mehr als nur rebellisch. Das muss aber nicht sein – es geht auch leichter!

In diesem Buch findest du Ursachen für das Verhalten deines Kindes und viele Tipps, wie du im Alltag dein Leben entspannter gestalten kannst. Tipps für mehr Gelassenheit, mentale Stärke und den Umgang mit dem oft stressigen Umfeld sorgen dafür, dass du in Zukunft viel gelassener sein wirst. Lasse dich nicht mehr von Wutausbrüchen oder einem kindlichen Sturkopf beeindrucken – gehe besser damit um und verändere deine Einstellung zum Positiven hin!

Das Kind im Fokus

Im klassischen Familienalltag können der Spaß und die Freude an der gemeinsamen Zeit schon einmal getrübt sein. Trotzphasen durch die Kinder machen gerade im Alter von Kindergarten- und Grundschulkindern das Leben schwer. Bevor es darum geht, wie du dagegen vorgehen kannst und wie der Alltag in der Familie wieder entspannter und schöner wird, macht es Sinn erst einmal zu verstehen, warum denn die Kinder überhaupt auf diese Weise reagieren. In den folgenden Kapiteln erfährst du in kompakter Form die wichtigsten Gründe für das trotzige Verhalten und lernst, mehr Verständnis für diese Phasen aufzubringen.

Denn viele Eltern reagieren regelrecht verzweifelt, wenn draußen ein Herbststurm mit kühlen Temperaturen tobt und die Tochter unbedingt das kurze, geblümte Sommerkleid tragen will. In der Zwischenzeit verbrennen die Toasts, die Zeit reicht weder für ein Frühstück, noch für einen entspannten Start in den Tag. Das klingt nach Stress? Genau das ist der Alltag in vielen Familien – ein Trotzanfall beim „Nein!“ zum Sommerkleid ist auch noch vorprogrammiert. Wichtig ist daher, passende Strategien zu finden und dennoch Verständnis für das oft schwer nachvollziehbare Verhalten der Kleinen zu finden. Möchtest du in Zukunft mit solchen Situationen entspannter umgehen? Genau dafür findest du in diesem Buch viele hilfreiche Tipps und Strategien.

Verständnis aufbringen: Warum ist mein Kind trotzig?

Zunächst einmal gilt es ein gewisses Verständnis dafür aufzubringen, was überhaupt mit dem eigenen Kind passiert. Natürlich haben alle Eltern wohl schon etwas von Trotzphasen gehört und wissen daher, was auf sie zukommt. Oder die Kinder befinden sich schon mitten in ihren Trotzphasen und es wird noch versucht, in diesem Moment Schadensbegrenzung zu betreiben. Deshalb kommen wir jetzt erst einmal zu den einzelnen Trotzphasen, die im Normalfall auftreten.

Grundsätzlich beginnt die erste Trotzphase der meisten Kinder etwa im Alter von 18 Monaten. Bis zum sechsten Lebensjahr kann diese Phase andauern, die sich aber im Normalfall in unterschiedliche Stufen aufteilt. Da nicht jedes Kind gleich ist, können die

Phasen tatsächlich ganz unterschiedlich ausfallen. Als Höhepunkt wird die Zeit zwischen dem zweiten und dritten Lebensjahr angesehen. Woran liegt das eigentlich, also warum ist gerade dieses Alter so extrem und bringt viele Eltern an den Rand einer Nervenkrise?

Der Grund liegt darin, dass Kinder vor dem dritten Lebensjahr noch gar nicht in der Lage sind, die gestellten Regeln der Umgebung zu verstehen. Daher wundert es dann doch eher wenig, dass die Kombination aus dem erwachten Bewusstsein für eine eigenständige Persönlichkeit und dem Unverständnis über die aufgestellten Regeln zu Wutausbrüchen führen. Denn genau darum geht es ja: Kinder möchten ihren Willen durchsetzen oder können einfach noch nicht ausdrücken, warum genau sie etwas so dringend wünschen. Dabei kann es darum gehen, auf den Arm genommen zu werden oder beim Einkaufen unbedingt selbst die Tomaten aussuchen zu wollen. Hinzu kommt noch der Wunsch nach mehr Selbstständigkeit, der auch als Autonomiephase bezeichnet wird. Wenn Kinder dann alles oder mehr selbst machen wollen und Regeln sie daran hindern, ist die Explosion in Form von einem ausgewachsenen Trotzanfall schon vorprogrammiert.

Die gute Nachricht an dieser Stelle ist aber, dass sich diese Situation bei vielen Kindern ab dem dritten Lebensjahr etwas beruhigt. Einen großen Anteil daran haben klare Regeln, die auch einzuhalten sind und entspannte Eltern, die nicht beim Anflug von einer Trotzphase direkt die Geduld verlieren. Die gesamte Erziehung und ein gelassener Umgang helfen hier in jedem Fall schon weiter und vereinfachen die Zeit der Trotzphasen. Mittlerweile hat sich auch herausgestellt, dass ein solcher gesunder, gelassener Umgang mit den trotzigen Phasen der frühen Kindheit dafür sorgen kann, dass Eltern es auch später in der Pubertät leichter mit den Kindern haben. Das ist ganz sicher ein Grund mehr, sich rechtzeitig mit den Bedürfnissen der Kinder auseinanderzusetzen und zu lernen, gut mit den Wutausbrüchen umzugehen. Passende Tipps findest du weiter hinten im Buch natürlich auch, genau wie ein Blick auf die Ursachen zeigt, wie trotziges Verhalten gefördert wird.

Eine Trotzphase ist daher eigentlich nichts weiter als eine Phase, in der Kinder ihre Autonomie erhalten wollen. Die sogenannte Autonomiephase findet ohne Ausnahme bei jedem Kind statt und stellt eine Art wichtigen Meilenstein im Rahmen der Entwicklung dar.

Diese Phase zu unterdrücken oder versuchen, die Phase soweit wie möglich einzuschränken, ist also in jedem Fall der falsche Weg. Trotzanfälle sind daher ganz wichtig für die Entwicklung – jede Familie muss also damit zurechtkommen, ohne Ausnahme. Fest steht aber, dass die Ausprägung sowie die Anzahl der Trotzanfälle stark davon abhängen, wie die Kinder erzogen werden. Das Verhalten der Eltern bestimmt daher die Trotzanfälle an sich und auch wenn die Trotzphase normal ist, können Eltern ihr Verhalten beeinflussen, damit die ganze Familie besser durch diese Autonomiephase kommt.

Wichtig ist hier die Erkenntnis, dass es bei jedem Kind aufgrund der individuellen Persönlichkeit andere Gründe gibt, warum ein Trotzanfall auftritt. Grund für den Anfall ist aber immer der Wunsch der Kinder, selbstständig, also autonom zu sein und eigenständig Dinge zu machen.

Das Problem sind dabei die Grenzen, die gesetzt werden und die dann dazu führen, dass die teilweise ziemlich große Wut auftritt und das Kind in diesem Moment kaum noch gebändigt werden kann. Im ersten Schritt gilt es also, bis zu einem gewissen Punkt

Verständnis für die kleinen Trotzköpfe zu entwickeln und die Phasen nicht einfach unterdrücken zu wollen. Das wäre nämlich genau der falsche Weg.

Hier kommen noch einige klassische Situationen, die ganz oft zu einem Trotzanfall führen:

- Zu Bett zu gehen
- Zähne zu putzen
- Wunsch, etwas zu haben – im Supermarkt, in der Stadt und in jedem Geschäft
- Spielzeug ist kaputt oder ist nicht mehr zu finden
- Erkundungsdrang wie bei Schränken und Schubladen, der gebremst wird
- Die Mahlzeiten, bei denen etwas nicht nach der Vorstellung des Kindes ist (also bei Kleinkindern: fast immer...)

Hier gäbe es je nach Kind und Temperament noch unzählige weitere Beispiele, von denen viele Eltern ein Lied singen könnten. Das Bedürfnis, selbstständig zu sein, sich auszuprobieren und Grenzen zu testen, führt also im Rahmen der Entwicklung zu Trotzanfällen.

Trotzphasen sind daher etwas völlig normales und gehören mit zur Entwicklung eines Kindes mit dazu. Schließlich muss das Kind sich ja auch erst einmal mit dem Gedanken anfreunden, ein eigenständiger Mensch zu sein und will seine Grenzen austesten. Aber keine Angst: Es gibt eine Reihe von Wegen, mit der Trotzphase umzugehen – ohne in dieser Zeit völlig zu verzweifeln. Doch zunächst einmal wollen wir im nächsten Kapitel den Ursachen auf den Grund gehen, bevor es zu den Tipps mit dem Umgang kommt. Wie schon erwähnt haben das Verhalten und die Erziehung der Eltern große Auswirkungen auf das Verhalten der Kinder in der Trotzphase.

Die Ursachen für trotziges Verhalten

Neben den zuvor genannten, ganz klassischen Gründen für das trotzige Verhalten gibt es aber auch einige Ursachen, die nicht zu unterschätzen sind. Mit Ursachen sind hier vor allem Dinge gemeint, die das trotzige Verhalten fördern und die dadurch auch vermieden werden können. Zumindest ist es in jeder Familie möglich, die Ursachen zu entlarven und in Zukunft gegenzusteuern. Ähnlich wie bei den später in diesem Buch angesprochenen stressigen Situationen kommt es nämlich immer wieder zu den gleichen

Ursachen, die dann im Alltag das Leben schwer machen können. Der Erziehungsstil und viele kleine Dinge können daher dafür sorgen, dass die Trotzphasen leicht oder sehr schwer überstanden werden. Am Ende hängt es also an dir selbst, ob du den Trotzkopf noch förderst oder eben nicht.

Zu beachten ist zuerst noch einmal, dass gerade kleine Kinder unter drei Jahren noch gar nicht richtig abschätzen können, wie sich ihr Verhalten auswirkt. Das ist eine grundsätzliche Regel, die bei der Bewältigung von Trotzphasen in diesem Alter wichtig und hilfreich ist. Fehlende Aufmerksamkeit ist übrigens eine sehr häufige Ursache von Trotz, die heutzutage sehr häufig auftritt. Wenn die Eltern beispielsweise immer mit ihrem Smartphone beschäftigt sind, kann das schon einmal negativ für den Familienfrieden sein. Das bedeutet nicht, dass ein Handy nicht mehr benutzt werden kann, wenn die Kinder anwesend sind.

Es macht jedoch viel Sinn, den Gebrauch ein wenig einzuschränken und den Kindern trotzdem ausreichend Aufmerksamkeit zukommen zu lassen. Dadurch fühlen die Kinder sich nicht direkt vernachlässigt und eine wichtige Ursache für trotziges Verhalten ist direkt nicht mehr vorhanden.

Wie viel Aufmerksamkeit genug ist, hängt immer vom jeweiligen Kind ab. Das Gegenteil, beispielsweise wie bei Helikoptereltern, bei denen sich alles zu jeder Zeit um das Kind dreht, ist ebenfalls der falsche Weg und daher nicht so wirklich zu empfehlen.

Darüber hinaus gibt es folgende Dinge, die als verstärkende Ursachen für trotziges Verhalten angesehen werden können:

1. Bedürfnisse werden (nicht schnell genug) wahrgenommen

Jeder Mensch hat Bedürfnisse und Kinder sind einfach noch nicht in der Lage, ein wenig Geduld zu haben und wollen ihre Bedürfnisse dann sofort oder so schnell wie nur möglich erfüllt haben. Vor allem Hunger, Durst und Müdigkeit sind die Bedürfnisse, die Wut- und Trotzanfälle regelrecht herausfordern.

Natürlich ist es nicht immer möglich, die vorhandenen Bedürfnisse sofort zu erfüllen oder schon vorher zu erahnen. Es ist aber in jedem Fall hilfreich, sich mit den Bedürfnissen des Kindes zu beschäftigen und auf diese Weise so manche angespannte Situation von Anfang an zu entschärfen.

Ein Klassiker ist sicherlich der Trotzanfall im Supermarkt. Dieser tritt aber oft auf, wenn Eltern mit ihren hungrigen oder vielleicht auch durstigen Kindern in einen solchen gehen. Die Situation spitzt sich dann wirklich schnell zu. Wie wäre es mit einem kleinen, gesunden Snack und etwas zu trinken, bevor es zum Einkaufen geht? Die Müdigkeit sollte ebenfalls im Blick behalten werden, da diese sich negativ in allen möglichen Situationen auswirken kann. Wenn du dich bemühst, die Bedürfnisse deines Kindes frühzeitig zu erkennen, schaltest du damit eine häufige Ursache für einen Trotzanfall aus. Dabei geht es auch gar nicht darum, ein Kind übermäßig zu verwöhnen oder immer alles zu geben, was in diesem Moment gewünscht wird. Es geht vielmehr darum, frühzeitig Bedürfnisse zu erkennen, die mit zu den Grundbedürfnissen jedes Menschen gehören: Nahrung, Wasser und Schlaf.

2. Fehlende Bewegung

Stress und ein Überschuss an Energie können ganz schnell zu Wutanfällen führen. Vielleicht kennst du es auch von dir selbst, wenn du dich nicht genug bewegst und dann schneller gereizt oder angespannt reagierst? Bei Kindern ist es sogar noch wichtiger, sich viel zu bewegen und der Bewegungsdrang ist noch einmal deutlich größer als bei Erwachsenen. Kinder, die sich bewegen, bauen Stress und Spannung ab und die Stimmung ist ebenfalls besser. Durch die Bewegung werden vorhandene Anspannungen und Aggressionen besänftigt und ein gefürchteter Wutanfall tritt nicht so schnell auf. Außerdem ist es doch besser, wenn dein Kind mit der Schaufel auf den Sand einschlägt oder in die Pfützen springt, als wenn ein Wutanfall aufkommt oder? Fehlende Bewegung ist daher eine ganz wichtige und häufig vorkommende Ursache für Trotzanfälle.

Anders gesagt: Wenn die Bewegung fehlt oder schlicht nicht ausreichend ist, dann kommt es deutlich eher zu Trotzanfällen. Genau dieser Punkt sollte daher in jeder Familie berücksichtigt werden, denn hierbei handelt es sich um eine Ursache für Trotz, die tatsächlich recht einfach entfernt oder vermieden werden kann. Achte auf ausreichend Bewegung, gehe mit deinem Kind spazieren, auf den Spielplatz oder bemühe dich um ein sportliches Hobby. Viele Kinder brauchen nur die passenden Anregungen und vielleicht noch die richtige Sportart, die wirklich gut gefällt. Wenn eine solche Sportart bisher noch nicht gefunden wurde, lohnt es sich, ein wenig herum zu probieren und dann die perfekte Option zu finden. Es müssen ja nicht immer die Klassiker wie Fußball oder Ballett sein – wie wäre es mit einer Kampfsportart, mit Pilates, mit modernem Tanz oder mit Klettern? Die Wirkung zeigt sich in der Regel schnell, da einfach eine größere Ausgeglichenheit vorhanden ist, wenn das Leben viel Bewegung beinhaltet.

3. Veränderungen finden ohne Ankündigung statt

Kinder lieben Routinen und lassen sich nicht immer leicht auf Veränderungen ein – selbst Erwachsene bewegen sich doch am liebsten in ihrer Komfortzone. Veränderungen können verunsichern, Angst machen oder fordern schlicht und einfach Trotz heraus. Das lässt sich auf viele Bereiche anwenden – wenn Eltern für Veränderungen sorgen und ihre Kinder nicht entsprechend darauf vorbereiten, kann das zu erheblichem Stress führen.

Einige Beispiele wären:

- Die Zeit zum Spielen ist vorbei, dies wird vorher nicht angekündigt
- Der Besuch bei den Spielkameraden wird ohne Vorwarnung beendet
- Der Aufenthalt auf dem Spielplatz ist vorbei, ohne vorher etwas zu sagen

Alle Beispiele gehen in die gleiche Richtung und führen bei vielen Kindern mit wirklich großer Wahrscheinlichkeit zu Wut und zu einem Anfall von Trotz. Besser ist es hier, solche Veränderungen anzukündigen und einen Moment vorher zu sagen, dass die Zeit zum Spielen oder an dem Ort gleich beendet ist. Dann findet die Veränderung zumindest nicht ohne eine Ankündigung statt und wird in der Regel auch besser aufgenommen. Es findet eine innerliche Einstimmung auf diese Veränderung statt, der Bruch mit dem Spiel wird beispielsweise als nicht so stark oder hart empfunden.

4. Einfache Entscheidungen ermöglichen – nicht überfordern!

Jedes Kind in der Trotz- oder Autonomiephase, um es etwas Netter zu nennen, will selbst Entscheidungen treffen. Komplexe Entscheidungen sind aber meistens noch nicht möglich und sorgen dafür, dass das Kind schnell überfordert wird. Sorge daher dafür, dass einfache Entscheidungen getroffen werden können und überfordere dein Kind nicht. Dann kann eine weitere Ursache für den nächsten Trotzanfall wieder entschärft werden.

An einem Beispiel wird die ganze Situation noch ein wenig deutlicher: Morgens beim Anziehen möchten viele Kinder sich selbst für ihre Kleider entscheiden und wollen nicht alles diktiert bekommen. Wenn jetzt aber fünf Oberteile zur Auswahl stehen, fühlen Kinder sich ganz schnell überfordert und reagieren dann genau so: Mit Wut, Trotz oder regelrechter Verzweiflung! Dann ist es doch viel besser, wenn nur zwei T-Shirts zur Auswahl angeboten werden. Biete deinem Kind zwei T-Shirts zur Auswahl an, die auch dem Geschmack des Kindes entsprechen, zur Jahreszeit passen und ordentlich aussehen. Dadurch wird eine einfache Entscheidung getroffen, die keinesfalls überfordert und jedes Kind hat in einem solchen Moment das Gefühl, selbstständig entscheiden zu dürfen. Damit ist dann schon viel gewonnen – der nächste Wutanfall hat dann sicherlich nichts mit der Kleidung an sich zu tun.

5. Eigenständigkeit nicht zulassen

Genau das gegenteilige Beispiel im Vergleich zum vorherigen Punkt ist diese klassische Ursache für einen Trotzanfall: Die Eigenständigkeit wird gar nicht zugelassen, sondern von Anfang an unterdrückt. Eltern, die ihren Kindern immer diktieren, was sie machen, tragen oder essen sollen, werden schnell auf großen Widerstand stoßen. Schließlich wollen Kinder nicht nur selbstständiger werden und Dinge selbst machen, sie sind auch sehr stolz darauf. Es ist also wichtig, Kindern diese Eigenständigkeit nicht zu nehmen und es zuzulassen, dass manche Dinge einfach mal selbst gemacht werden dürfen. Am besten klappt das mit Unterstützung – dann ist das Erfolgserlebnis groß, die Eigenständigkeit wird zugelassen und es gibt gar keinen Grund für einen Wutanfall.

Unterstütze dein Kind beim Anziehen und lasse es dennoch zu, dass Tätigkeiten im Rahmen des Anziehens schon ab einem frühen Alter selbst übernommen werden. Wie wäre es beispielsweise mit

Schuhen, die nicht relativ kompliziert mit Schnürsenkeln gebunden werden müssen, sondern Klettverschlüsse haben? Mit ein wenig Unterstützung können Kinder sich dann schnell selbst anziehen, genießen ihre Erfolgserlebnisse und fühlen sich selbstständig und sind stolz. In vielen Situationen wäre es daher besser, diese gewünschte Eigenständigkeit eben nicht zu unterdrücken, sondern zu fordern.

Zusammenfassend bedeutet das, dass Eltern, die Eigenständigkeit nicht zulassen, hier eine bedeutende Ursache für Trotzanfälle schaffen. Hier handelt es sich um eine Form der Erziehung, die Selbstständigkeit unterbindend und garantiert für Ärger im Familienleben sorgt.

Selbst ohne die vorher genannten Verstärker und zusätzlichen Ursachen für trotziges Verhalten wird es in der Entwicklung deines Kindes immer wieder zu Trotzanfällen kommen. Wie eben beim klassischen Beispiel der Sommerkleidung, wenn doch eigentlich Winter ist. Dann nehmen Kinder auch gar nicht gerne einen der beiden Pullover, die du in diesem Moment anbieten möchtest – es handelt sich schließlich nicht um das Kleid. Wenn dieses aber nicht gerade mit einer dicken, zum Winter passenden Strumpfhose und einer warmen Strickjacke kombiniert werden kann, wird dir die Diskussion erst einmal nicht erspart bleiben. Daher geht es auch darum, wie du damit umgehst und wie du dafür sorgst, dass so mancher Anfall gar nicht so schlimm wird. Genau darum geht es im nächsten Kapitel – bei den folgenden 10 Tipps gibt es sicherlich den einen oder anderen, der auch im Umgang mit deinem Kind hilft!

Hilfe Trotzphase: 10 Tipps für den Umgang

Die Trotzphase ist da, nichts hilft so wirklich und du bist mit deinen Gedanken schon mehr als einmal am Ende gewesen? Dann helfen an dieser Stelle vor allem schnell umsetzbare und praktische Tipps, die du im Alltag direkt und ohne lange Vorbereitung einsetzen kannst. Es ist natürlich schön und wichtig, die Gründe oder Ursachen für das trotzige Verhalten zu kennen, genauso wichtig ist es aber definitiv auch, im Falle des Falles richtig zu reagieren. Denn dann können bald wieder das harmonische Miteinander und der Spaß in den Familienalltag zurückkehren. Hier findest du 10 praktische Tipps für den Umgang mit kleinen Trotzköpfen und Energiebündeln, die einfach nicht zu bändigen sind:

1. Geduld beweisen: Alles nicht so eng sehen

Natürlich werden alle Eltern in der Trotzphase ziemlich schnell an ihre Grenzen stoßen – es sei denn, sie haben alle Gelassenheit der Welt für sich gepachtet. Der erste Tipp ist daher der vielleicht wichtigste, der natürlich nicht ganz so einfach umzusetzen ist: Geduld zeigen und dem Kind auch mal einige Freiheiten einräumen. Kinder in der Trotzphase wollen sich ausprobieren und es bringt nur wenig, sie dann immer aufhalten zu wollen.

Ganz im Gegenteil: Dadurch wird das trotzige Verhalten nur verstärkt und die Entwicklung des Kindes wird obendrein noch gehemmt. Wichtig ist daher, dass Kinder Selbstbewusstsein und bis zu einem gewissen Punkt auch Selbstständigkeit lernen, wenn sie sich in gewissen Grenzen austesten können.

Für die praktische Umsetzung gilt daher, dass du beim nächsten Anflug der Entdeckungsphasen auch mal etwas zulassen solltest.

Dabei zerbricht ein Glas oder der Tisch erhält einen weiteren Kratzer? Solange niemand außer einigen Gebrauchsgegenständen Schaden nimmt, sollte dein Kind sich ruhig einmal ausprobieren können. Atme tief durch, lasse einige Freiheiten zu und versuche, dich an der Fähigkeit, geduldig zu sein, zu üben. In vielen Fällen kannst du so sogar einem Wutanfall vorbeugen – oder er fällt zumindest nicht so heftig aus wie sonst.

2. Regeln und Verbote: Weniger ist mehr

Es muss weiterhin Regeln und Verbote geben, auch in der schwierigen Trotzphase. Allerdings solltest du es damit wirklich nicht übertreiben und das Regelwerk vielleicht ein wenig reduzieren. Bei bestehenden Regeln, die wichtig sind, solltest du trotz aller Proteste konsequent bleiben. Oft hilft es aber schon, wenn keine riesige Menge an Regeln aufgestellt wird.

Überlege dir einmal, welche Regeln wirklich ganz wichtig sind. Welche Dinge dürfen einfach nicht fehlen, damit der Familienalltag weiterhin funktionieren kann und worauf legst du besonders großen Wert. Diese Regeln werden konsequent eingehalten und sollten am besten auch in Ruhe mit dem Kind besprochen werden. Achte darauf, dass die Regeln verständlich sind, da so in vielen Fällen schon einem Anfall von Trotz vorgebeugt wird.

Ansonsten ist eine Lockerung so manch einer anderen, weniger wichtigen Regel schon sehr viel Wert. Überhaupt: Kann der Alltag in der Familie vielleicht ein wenig anders gestaltet werden, sodass solchen Wutanfällen ebenfalls vorgebeugt wird? Bei den Regeln und Verboten gilt zu dieser Zeit in jedem Fall, dass weniger mehr ist und auch mehr bringt.

3. Nichts persönlich nehmen

Oft nehmen Eltern das Verhalten ihrer Kinder sehr persönlich, gerade wenn es um Wutausbrüche und die schwierige Trotzphase geht. Nicht selten schämen die

Eltern sich auch in der Öffentlichkeit, denn genau dort passieren die Wutausbrüche ja in vielen Fällen. Hier ist es ganz wichtig, einmal einen Schritt zurückzugehen und das Verhalten des Kindes eben nicht ganz so nah an sich heranzulassen. Natürlich ist das am Anfang noch recht schwer durchzusetzen – mit der Zeit wird es aber immer besser gehen.

Rufe dir beim nächsten Anfall von Trotz und Wut in Erinnerung, dass es sich nicht um ein Verhalten handelt, welches sich gegen dich richtet. Es geht deinem Kind eben nicht darum, dich in dieser Situation zu ärgern oder zu verletzen. Vielmehr kann die Wut in dem Alter noch nicht gesteuert werden. Nicht selten sind Kinder selbst von ihrer großen Wut erschrocken und können damit gar nicht richtig umgehen. Genau das falsche Verhalten ist daher an dieser Stelle, wenn du dich mitziehen lässt, alles zu nah an dich heranlässt oder selber wütend wirst. Versuche, ruhig zu bleiben – auf diese Weise wird der Wutanfall im Normalfall kleiner und die Wut wird nicht immer größer.

4. Ablenkung gewinnt: Der Klassiker im Supermarkt

Es gibt so einige Horrorszenarien für Eltern, die schon fast als Klassiker bezeichnet werden können. Allen voran kommt die Szene im Supermarkt, bei der das Kind einen Tobsuchtsanfall an der Kasse bekommt, weil es unbedingt die Schokolade, die Figur oder andere tolle Dinge haben will. Nachgeben ist hier der falsche Weg, das ist Eltern durchaus bewusst. Viele knicken aus lauter Verzweiflung bei dem ganzen Theater ein und geben dem Kind das, was es haben will. So muss es aber nicht sein – denn selbst für solche Szenarien wie das genannte an der Supermarktkasse gibt es gute Lösungen!

Zunächst einmal gilt auch hier wieder: Versuche, es nicht zu nah an dich heranzulassen! Natürlich ist das alles andere als einfach, aber damit hast du schon einmal den ersten Schritt hin zu einer Besserung der Situation getan. Jetzt geht es darum, für Ablenkung zu sorgen. Du kannst beispielsweise zu einer anderen Kasse gehen, an der vielleicht weniger reizvolle Dinge vorhanden sind, die zu neuen Trotzanfällen führen. Oder du lenkst ab, indem du auf andere Dinge im Supermarkt oder vor der Tür hinweist, auf Sachen, die sich im Wagen befinden und so weiter. Es geht daher vor allem darum, diese Ablenkung zu schaffen. Nicht immer funktioniert dieser Trick sofort, aber es macht Sinn, es zu versuchen und zwar in allen Situationen, in denen dein Kind etwas haben möchte und aus diesem Grund einen Wutanfall bekommt. Mit der Zeit finden Eltern dann auch immer mehr heraus, was gut funktioniert und welche Ablenkung vielleicht wirklich eine gute Idee ist.

5. Humor statt Verzweiflung: Zähneputzen leicht gemacht

Mit Verzweiflung und völligem Unverständnis reagieren viele Eltern auf die Wutausbrüche der Kinder. Es muss aber nicht immer alles verzweifelt oder todernst sein. Vielmehr kann Humor sehr gut helfen, überrascht die Kinder und lockert so manche Situation erheblich auf. Die genaue Umsetzung hängt auch immer mit davon ab, was für eine Situation gerade vorhanden ist, was dir dein Bauchgefühl sagt und natürlich auch, womit dein Kind umgehen kann. In den meisten Fällen kannst du eine kritische Situation lustig aussehen lassen und wirst auf diese Weise viel erreichen.

Die Umsetzung in kritischen Situationen:

Gerade das abendliche Zähneputzen vor dem Schlafengehen ist für viele Eltern ein weiteres von vielen Horrorszenarien, die nicht so leicht zu entschärfen sind. Kinder wollen sich dann oft partout nicht die Zähne putzen und bekommen einen richtigen Wutanfall, wenn es darum geht, die Zahnbürste in den Mund zu nehmen. Da kann dann eine gute Portion Humor perfekt geeignet sein. Beginne doch einmal, mit der Zahnbürste vor dem Mund zu singen oder lass diese tanzen – vielleicht hast du ja auch noch andere Ideen, wie du die ganze Situation lustiger gestalten kannst? In jeder Situation, in der ein Trotzanfall droht, kannst du versuchen, diesem mit Humor zu begegnen. So verhinderst du oft eine Eskalation und beugst diesen Momenten vor. Ablenkung und Humor gehören immer noch mit zu den allerbesten Ideen, wenn es um Wutausbrüche geht.

6. Auch mal Austesten lassen - „Nein" ist nicht immer perfekt

Ähnlich wie bei dem Tipp mit der zusätzlichen Geduld ist auch dieser Vorschlag, um die trotzigen Kinder wieder zu beruhigen. Ganz wichtig ist schließlich, nicht immer nur ganze feste und unverrückbare Grenzen zu ziehen, sondern auch mal etwas Neues zuzulassen. Wenn du deinem Kind nie die Möglichkeit gibst, sich auszutesten, neues zu lernen und vielleicht auch mal zu scheitern, kannst du kein gesundes Selbstbewusstsein aufbauen. Daher ist es ganz wichtig, nicht immer zu allem und jedem „Nein" zu sagen. Manchmal ist es eben genau die richtige Strategie, sich das „Nein" zu verkneifen und einfach mal ruhig zu bleiben.

Wichtig ist, dass darauf geachtet wird, dass es sich um kindgerechte Dinge handelt, die ausprobiert werden. Ein gutes Beispiel wäre das Klettern auf eine niedrige Leiter – ohne Hilfe.

Oder das Balancieren entlang einer Mauer. Es gibt viele Optionen, wie Kinder sich sicher austesten können und durch diese kleinen Erfolgserlebnisse bleiben nicht nur Wutausbrüche aus. Nein, dadurch steigt sogar das Selbstbewusstsein und schließlich möchte doch niemand, dass Kinder Unsicherheit erlernen und sich selbst so gar nichts zutrauen. Deshalb sollte die Trotzphase nicht nur als nervig angesehen werden, sondern vielmehr als Chance.

7. Trösten: Die wunderbare Umarmung

Du verstehst den Grund für den Trotzkopf nicht? Das ist manchmal gar nicht so wichtig, da dein Kind aufgebracht, traurig oder enttäuscht ist. Eine tröstende Umarmung kann dann genau die richtige Taktik sein, um gegen die aufkommende Wut anzugehen. Du zeigst deinem Kind durch die Umarmung, dass du Verständnis zeigst und die Wut oder die Traurigkeit auch verstehst. Natürlich funktioniert diese Option sicherlich nicht immer und überall, ist jedoch eine gute Lösung, wenn gerade eine entsprechend wütende Reaktion aufkommt. Durch diese tröstende Reaktion zeigst du deinem Kind Verständnis – genau dieses Verständnis wünschen wir uns am Ende doch alle, wenn wir uns aufregen oder wenn etwas nicht so klappt, wie es eigentlich vorgesehen war.

8. Die Vorbildfunktion: So geht es doch auch

In erster Linie geht es Kindern in einem Anfall von Trotz auch darum, die Gefühle ausdrücken zu wollen und die Wut rauslassen zu müssen. Jetzt ist aber der Punkt, dass Kinder von Vorbildern lernen, besonders wichtig und sollte nicht einfach so unterschätzt werden. Du kannst Trotzanfälle also verbessern oder diesen vorbeugen, wenn du richtig damit umgehst und zu einem Vorbild wirst. Zeige doch einmal, wie man seinen Gefühlen auch Ausdruck verleihen kann.

Du könntest beispielsweise mit dem Fuß feste aufstampfen und dann sagen: So etwas blödes, dass das Spielzeug gerade jetzt weg ist! Lass uns danach suchen! Oder du versuchst, die Gefühle zu benennen, da du genau dadurch die Entwicklung deines Kindes mit förderst. Ein Beispiel wäre, dass du sagst: Dein Spielzeug ist kaputt. Deshalb bist du traurig.

Das klingt im ersten Moment ziemlich komisch? Nun, es funktioniert aber wirklich, da du auf diese Weise zeigst, wie man seinen Gefühlen auch mal richtig Ausdruck verleihen kann und nicht einfach nur in sinnlose Wut verfällt. Irgendwoher lernen Kinder schließlich das passende Verhalten im Falle von unschönen Situationen – da macht es Sinn, direkt als Vorbild zu agieren. Auf diese Weise schaffst du es ganz bestimmt schneller, die Wut in den Griff zu bekommen und den Trotzanfall gar nicht erst zum schlimmsten kommen zu lassen.

9. Keine Bestrafung: Nicht mitreißen lassen

Das Kind wird laut, schreit, wütet und ist durch nichts zu stoppen. Es gibt an dieser Stelle nichts schlimmeres, als mit Schimpfen, mit Drohungen oder gar mit Bestrafungen zu reagieren. Genau das wird von keinem Kind in dem Moment der großen, nicht kontrollierbaren Wut benötigt oder gut angenommen. Vielmehr wird die Wut dann noch größer und die ganze Situation schaukelt sich immer weiter nach oben.

Besonders wichtig ist es, keine Gewalt anzuwenden und keine Drohungen auszusprechen. Dinge wie „Wenn Papa nach Hause kommt, kannst du etwas erleben“ oder „Ich gebe dich weg, wenn du nicht sofort aufhörst!“ sollten immer und ohne Ausnahme Tabu sein. Denn mit solchen Drohungen machst du die Trotzanfälle nicht nur manchmal noch schlimmer, sondern schadest auch noch dauerhaft dem Selbstbewusstsein und dem Selbstwertgefühl deines Kindes. Solche Dinge können noch lange für Nachwirkungen sorgen und sollten daher ohne Ausnahme unterlassen werden. Versuche dich lieber daran, Verständnis aufzubringen und übe dich darin, ruhig zu bleiben. Ganz egal, wie schwer dir das fällt.

10. Verständnis aufbringen

Es geht beim richtigen Verhalten in Trotzphasen auch immer darum, die Gefühle hinter dem Wutanfall richtig zu benennen. Mit ein wenig Übung ist das bald schon gar nicht mehr so schwer. Versuche dann, auch mal Verständnis zu zeigen und genau dieses Verständnis auch auszusprechen. Ein „Ich verstehe dich“ oder „Ich verstehe deine Wut“ können schon viel bewirken. Zeige Verständnis und versuche dich dann daran, gute Alternativen zum gewünschten anzubieten.

Ein Beispiel wäre hier die Schublade, an die dein Kind immer wieder gehen will, die aber ganz klar aufgrund der enthaltenen Messer tabu ist. Erkläre den Grund und biete eine gute Alternative wie eine andere, ungefährliche Schublade, in der vielleicht Spielzeug oder Brettchen aus Holz enthalten sind. Hier dreht sich viel darum, erst einmal zu verstehen, warum es jetzt gerade überhaupt zu dem Wutanfall kommt. Im nächsten Schritt kannst du dann Alternativen suchen und Verständnis zeigen.

Ein Spezialtipp für besonders mutige Eltern:

Wirst du wahnsinnig bei den ganzen Szenen am Supermarkt, am Eisstand, am Spielwarenladen und in so vielen anderen Situationen? Gehörst du wirklich zu den mutigen Eltern, die sich weniger um die Umgebung oder die Umwelt scheren? Wenn dein Kind dann nicht erst 2 Jahre alt, sondern schon ein klein wenig älter ist, kannst du eine ziemlich radikale Methode anwenden:

Dein Kind bekommt einen ausgewachsenen Tobsuchtsanfall und wirft sich schreiend auf den Boden? Anstelle der klassischen Vorbildfunktion machst du jetzt genau das Gegenteil: Wirf dich daneben ebenfalls auf den Boden und trommele ebenfalls mit den Fäusten auf diesem herum. Wetten, dass dabei jedes Kind ganz schnell mit dem Geschrei aufhört? Die meisten Kinder werden an der Stelle entweder so überrascht oder entsetzt sein oder schämen sich vielleicht sogar für dich. Die eigene Wut wird dann schnell hinten angestellt und der Trotzkopf ist so überrascht, dass diese Phase wieder vorbei ist. Zugegeben, du brauchst eine gute Portion Mut dafür – aber manchmal dürfen es eben ganz radikale Methoden sein.

Die Eltern im Fokus

In vielen Familien stehen die Kinder unbestritten im Mittelpunkt des Interesses und nicht wenige Eltern sind mit verschiedenen Situationen im Alltag überfordert. Es gibt bestimmte Situationen, die sich in ganz vielen Familien als stressig herausstellen und die doch ganz einfach entspannter gestaltet werden könnten. Klassische Situationen sind beispielsweise die gemeinsamen Mahlzeiten, das abendliche Zubettgehen oder eben das Aufstehen am Morgen. In den folgenden Kapiteln geht es daher erst einmal darum, die Ursachen für stressige Situationen in der Familie genauer zu erkennen. Typische Fehler dürfen dann natürlich auch nicht fehlen, da diese tatsächlich recht leicht mit der passenden Organisation vermieden werden können. In jedem Fall ist hier auch die passende Einstellung wichtig, denn mit der Zeit fällt eine entsprechende Organisation auch immer leichter.

Mit passenden Taktiken ist es immer möglich, dem Alltag den Stress zu nehmen und diesen entspannter zu gestalten. Dafür ist im ersten Schritt ein wenig mehr Organisation erforderlich und es ist für Familien wichtig, sich immer wieder auf neue Situationen einzustellen. Große Veränderungen stehen beispielsweise beim Gang eines Kindes in den Kindergarten oder beim Wechsel in die Grundschule an, um nur einige sehr herausfordernde Beispiele zu nennen. Im ersten Schritt geht es darum, die Stresssituationen erst einmal als solche zu erkennen und dann auch entsprechend zu handeln.

Stresssituationen erkennen und handeln

Wer kennt sie nicht, die klassischen Stresssituationen in einer Familie, die so viele Eltern in Hektik ausbrechen lassen? Es geht an dieser Stelle in erster Linie darum, diese Stresssituationen überhaupt erst einmal zu erkennen und im nächsten Schritt zu handeln. Außerdem kommen immer wieder Fehler vor, die jede Grundlage für einen entspannten Alltag ebenfalls zunichtemachen können. Bevor es zu diesen Fehlern geht, sollen an dieser Stelle erst einmal die klassischen Stresssituationen in einer Familie genannt werden. In genau diesen Situationen ist rechtzeitiges Handeln ganz wichtig.

Ein kleiner Tipp vorab: Rituale sind in diesen Situationen sehr hilfreich und können dafür sorgen, die Lage zu entschärfen und für weniger Stress zu sorgen.

Klassische Situationen für Stress in der Familie sind beispielsweise die folgenden Optionen:

- Aufstehen
- Anziehen
- Zähne putzen
- Schlafenszeit
- Mahlzeiten
- Termine: Arztbesuche, Einkaufen, Geburtstage und Familienfeiern

Die meisten Eltern werden in einer der vorher genannten Situationen sicherlich schon einmal Probleme oder einen ausgewachsenen Trotzanfall gehabt haben. Manche Situationen lassen sich entschärfen, andere hingegen nicht. In den nächsten Kapiteln soll es erst einmal um die innerhalb von einer Familie üblichen Stressfaktoren gehen – die von außen kommenden Faktoren aus der Umgebung werden später im Buch ebenfalls noch angesprochen. Wenn solche Situationen direkt erkannt und als schwierig eingestuft werden, fällt es auch leichter, rechtzeitig zu handeln und diese zu entschärfen. Denn bei den genannten Situationen handelt es sich schließlich um solche, die wirklich täglich auftreten. Entsprechend müssen

Strategien gefunden werden, damit ein entspannter, harmonischer Alltag überhaupt erst möglich ist.

Jede Familie ist ein wenig anders und funktioniert entsprechend auch unterschiedlich. Überlege einmal, welche Situationen bei dir in der Familie für Stress sorgen und wann das Potenzial für einen Trotzanfall besonders groß ist. Sobald du diese stressigen Situationen erkannt hast, kannst du passende Lösungen nutzen, um diese wieder entspannter zu gestalten. Doch im ersten Schritt sollten die schwierigen und stressigen Situationen in deiner Familie überhaupt erkannt und als solche registriert werden – meistens treten nämlich immer wieder die gleichen Abläufe auf. Genau da kannst du dann auch ansetzen.

Ursachen für familiären Stress: Für den entspannten Alltag

Es gibt innerhalb der Familie stets einige klassische Ursachen für den Stress und Fehler, die dabei immer wieder begangen werden. Das ist auch völlig normal – mit den richtigen Tipps ist es aber möglich, diese häufigen Fehler zu erkennen und von Anfang an zu vermeiden. Auf diese Weise ist ein ruhigeres

Zusammenleben sicherlich einfacher möglich. Hier kommen 7 ganz typische Fehler, die ohnehin schwierige Situationen noch komplizierter machen:

1. Zu spätes Aufstehen

Ein absoluter Klassiker ist das zu späte Aufstehen am Morgen. Im Anschluss daran müssen alle Aufgaben wie das Anziehen, das Waschen und Zähne putzen und das Frühstück viel schneller erledigt werden. Genau durch diese morgendliche Hektik beginnt der Tag schon mit Stress, nicht selten mit Trotzanfällen von Seiten des Kindes und mit Ärger im Familienalltag. Das muss nicht sein – deshalb: Egal wie schwer es fällt, es ist wichtig, früh genug aufzustehen und sich morgens ausreichend Zeit zu nehmen. Den Stress, der sonst im Anschluss folgt, ist das spätere Aufstehen einfach nicht wert.

2. Alles gleichzeitig machen

Multitasking geht schon auf der Arbeit meistens schief und führt im Haushalt bestenfalls zu kleineren und größeren Unfällen. Natürlich ist es möglich, mehrere Dinge gleichzeitig zu machen und einige Menschen schaffen es dabei sogar, wirklich gute Ergebnisse zu erzielen. Die Regel ist das aber nicht unbedingt – besser ist es, wenn alle Aufgaben einzeln und dann mit gutem Ergebnis ausgeführt werden. Das gilt ganz besonders in der Familie. Eltern, die versuchen, immer alles gleichzeitig zu machen, stressen sich selbst und die Kinder gleich noch mit. Das Ergebnis sind oft Wutanfälle und Ergebnisse, die nicht wirklich zufriedenstellen. Im teilweise sehr stressigen Familienalltag besteht aber immer wieder die Neigung dazu, alles gleichzeitig zu machen. Es ist daher in jedem Fall empfehlenswert, diesen Fehler nicht zu begehen und das Multitasking aus dem Alltag herauszuhalten.

3. Fehlende Vorbereitung

Gerade in Sachen Vorbereitung mangelt es in vielen Familien in der Praxis noch an der passenden Umsetzung. Denn wenn Kleidung zum Anziehen am Morgen bereits vorbereitet wurde, das Kochen nicht in einen zweistündigen Akt ausartet und die Pausenbrote vielleicht auch schon vorbereitet sind, ist der Alltag direkt viel entspannter. Das sollte nicht außer Acht gelassen werden und die fehlende Vorbereitung ist damit einer dieser Fehler in vielen Familien, die mit etwas Übung gut vermieden werden können.

Für die Umsetzung bietet es sich beispielsweise an, Mahlzeiten vorzubereiten oder einzelne Teile vorzubereiten. Hast du dich schon einmal mit Meal Prep beschäftigt? Dadurch lässt sich im Familienalltag nicht nur viel Zeit sparen, die Mahlzeiten sind auch mit deutlich weniger Stress verbunden. Das Herauslegen von Kleidung und die Vorbereitung auf die Schule oder den Kindergarten sind ebenfalls Dinge, die mit dazugehören. Hier lassen sich viele Stressfaktoren im Rahmen der Familie ziemlich einfach vermeiden oder reduzieren.

4. Schule und Arbeit

Gerade wenn es um die Schule, die Arbeit der Eltern oder um den Besuch im Kindergarten geht, gibt es einige Faktoren, die immer wieder für Stress sorgen. Dazu gehören eine fehlende Vorbereitung genau wie Hektik und Eile, die durch zu wenig Zeit entstehen. Wichtig ist es daher, solche Dinge mit in den Alltag einzuplanen und der Schule, der Arbeit und der Familienzeit feste Zeiten oder zumindest Zeitfenster zu geben. Auf diese Weise sind direkt einige größere Stressfaktoren in der Familie verschwunden.

5. Ständiger Perfektionismus

Immer soll alles perfekt sein: Die Kleidung der Kinder, der Haushalt, das Essen und natürlich auch die eigene Erscheinung. Das kann in einer Familie einfach nicht gutgehen und ist ein ganz großer Stressfaktor bei vielen Familien. Perfektionismus ist ja nie besonders gut oder erstrebenswert, da er extrem stresst, in einer Familie erweist dieser sich als fatal. Es muss nicht immer alles perfekt sein. Das ist normal, das geht anderen Familien ganz genauso und es ist daher besser, den fehlenden Perfektionismus zuzulassen. Diese Dinge wie Flecken in den Kleidern, unordentliche Ecken im Haushalt oder angebranntes Essen werden im Alltag sowieso passieren und es stresst dann viel weniger, wenn nicht alle Details so eng gesehen werden.

Natürlich bedeutet das jetzt nicht, dass alles im Chaos versinken soll, Ordnung gar nicht mehr eingehalten wird und die Kleidung von allen Familienmitgliedern schlampig aussieht. Es geht nur darum, mit einem weniger perfekten Ergebnis zufrieden zu sein und sich nicht mit der Suche nach dem perfekten Ergebnis oder Erscheinungsbild unnötig zu stressen. .

6. Haushalt immer alleine erledigen

Fünf Maschinen Wäsche, der Boden im Wohnzimmer klebt mal wieder, Spielzeug fliegt überall herum und nach dem letzten Wutanfall mit dem Kartoffelbrei sieht auch der Küchenboden nicht mehr so toll aus? Ganz viele Eltern werden sich hier wiedererkennen können und der Haushalt wird im Familienalltag als riesige Belastung angesehen, die auch noch sehr viel Zeit kostet.

Es ist aber nicht nötig, alles alleine zu machen. Ganz im Gegenteil: Kinder wollen und können auch ein wenig mithelfen. Klare Strukturen, dass ein Spielzeug wieder weggeräumt und das Geschirr mit in die Küche getragen wird, können schon ab einem frühen Alter für eine Erleichterung sorgen. Solche Aufgaben dürfen und sollen sein, da Kinder durchaus in der Lage sind, mitzuhelfen und im Alltag ihren Teil beizutragen. Dadurch wird der Stress reduziert, weniger auf die Kinder übertragen – und eine gute Erziehungsmaßnahme ist diese Bitte um Mithilfe im Haushalt ebenfalls. Es schadet sicherlich nicht, wenn jedes Familienmitglied dazu beiträgt, für ein wenig Ordnung zu sorgen.

7. Fehlende Strukturen im Alltag

Rituale und feste Routinen wie das Abendessen um 18 Uhr, gefolgt von Umziehen, Zähne putzen und dem Zubettgehen sind spießig und überholt? Das mag im ersten Moment so wirken und vielleicht wenden moderne Eltern diese Rituale daher tatsächlich seltener an, als es sonst der Fall war. Dabei handelt es sich um einen klassischen Fehler, keine Strukturen mehr in den Alltag einzubringen und einfach ohne feste Routinen dahinzuleben. Das führt schnell zu Verwirrung, sorgt dafür, dass auch keine Zeit eingehalten wird und das ganz schnell das Chaos ausbricht. Zumindest ist das dann die Realität in vielen Familien, die aber nicht sein müsste.

Es ist daher besser, feste Zeiten und Rituale einzuführen, an die sich alle halten. Diese können ruhig ein wenig lustiger oder spannender eingeführt werden, damit es den Kindern auch Spaß macht, sich daran zu halten. Kinder empfinden ihre Tage als greifbarer, können sich an solchen festen Strukturen auch besser orientieren und es gibt dann sogar feste Zeiten, die du für andere Dinge nutzen kannst. Familien mit Kindern lassen sich teilweise auf Tage ohne oder mit kaum vorhandenen Strukturen ein, was am Ende immer zu Stress und zu

Schwierigkeiten führt. Daher: Egal wie spießig es sich im ersten Moment anhört, feste und immer gleiche Strukturen helfen der Familie dabei, entspannter durch den Alltag zu kommen.

Diese 7 Fehler kommen in vielen Familien entweder regelmäßig oder zumindest ab und zu vor. Das ist natürlich und es ist gar nicht so leicht, sich dagegen zu wehren. Neben den genannten Fehlern gibt es aber noch weitere Dinge, die zum Vermeiden von Stress in alltäglichen Situationen möglich sind. Darum geht es im kommenden Kapitel. Nach und nach lassen sich so passende Taktiken und Ideen zusammenstellen, die auch in deine Familie mehr Struktur und damit sehr viel mehr Entspannung bringen.

Stress vermeiden: Praktische Tipps für die Familie

Selbst wenn immer rechtzeitig mit dem Kochen angefangen wird, zu spätes Aufstehen oder Losfahren nicht oder so gut wie nie vorkommen und auch sonst alle wichtigen Dinge beachtet werden, kann es in einigen Situationen zu Stress kommen. Damit das Aufstehen, Anziehen, Zähne putzen und die Mahlzeiten eben nicht ausarten, sind daher passende Strategien oder Rituale sehr wichtig. An dieser Stelle findest du einige Ideen, wie du schwierige Momente in der Familie leichter oder stressfrei gestalten kannst:

1. Rituale finden – und nutzen

Fehlende Strukturen wurden schon im letzten Kapitel als häufiger Fehler angesehen, die für mehr Stress in der Familie sorgen. Da dieser Punkt immer wieder zu kurz kommt und dabei doch so wichtig ist, wird er an dieser Stelle noch einmal aufgegriffen. Mit Ritualen zum Zähne putzen, zum Anziehen oder zum Schlafengehen werden Routinen geschaffen, Dinge, an denen Kinder sich festhalten können. Gerne können diese Rituale spannend, lustig oder besonders kindgerecht gestaltet werden. Desto besser solche Rituale passend zur Familie in den Alltag eingebaut werden, desto weniger Stress ist im Rahmen dieser sonst stressenden Aktivitäten vorhanden.

2. Keinen Stress vorleben

Nirgendwo lernen Kinder so viel, wie in ihrem eigenen Elternhaus. Wie Kinder mit Stress umgehen, hängt ganz stark davon ab, wie die Eltern damit umgehen und in welcher Form Stress und Hektik vorgelebt werden. Deshalb: Suche dir einige Ideen aus diesem Buch heraus, wie du dich selbst noch besser entspannen kannst und versuche, bei viel Stress auch einmal einen Schritt zurück zu machen. Das klingt in Anbetracht der teilweise verrückten Situationen im Familienalltag schwierig bis unmöglich – mit der richtigen mentalen Einstellung ist es aber möglich, anders und entspannter mit Stress umzugehen. Genau das ist dann der perfekte Ausgangspunkt für einen entspannten Familienalltag mit weniger Stress und Streit. Wenn jedoch Stress schon von klein auf vorgelebt wird, bleibt dieser in der Familie und die Kinder gewöhnen sich daran und leben selbst auf diese Weise.

3. Zeitliche Begrenzung von Fernseher und Co.

Richtig gelesen: Der Umgang mit dem Fernseher, mit Laptops, Tablets und Smartphones mag ja spannend, modern und einfach toll sein. Es handelt sich aber auch um einen sogenannten Stressor, also um eine Tätigkeit, die Stress mit auslöst. Für mehr Entspannung im Rahmen der Familie sollten am Ende doch nicht nur die Eltern mehr entspannen, sondern auch die Kinder. Dazu gehört ein klares zeitliches Limit für den Umgang mit elektronischen Geräten. Eine Stunde am Tag reicht völlig für Kinder im Kindergarten- und Grundschulalter aus. Besser ist es ohnehin, mehr Zeit mit echten Spielen, mit Bewegung oder mit Zeit im Freien zu verbringen. Kinder einfach drei Stunden vor den Cartoon-Kanal zu setzen mag zwar im ersten Moment praktisch erscheinen – es ist aber weder empfehlenswert, noch führt es dazu, dass die Kinder am Ende entspannt sind. Vielmehr quengelig und unausgeglichen. Deshalb macht es Sinn, die Auslöser von Stress nicht nur für die Eltern, sondern auch für die Kinder einzuschränken.

4. Kontakt mit gleichaltrigen Kindern schaffen

Soziales Verhalten, Empathie, die konstruktive Lösung von Konflikten und das hineinversetzen in andere Menschen – all das können Kinder beim Kontakt mit anderen Kindern lernen. Wenn Kinder also, warum auch immer, keinen Kontakt mit anderen Gleichaltrigen haben, ist das nicht wirklich gut für die Entwicklung. Außerdem sind Kinder schneller gestresst, wenn dieser Kontakt mit anderen Kindern nicht vorhanden ist. Ganz wichtig ist dabei, dass die Kinder auch mal einen Moment unter sich, ohne ständige Blicke von den Erwachsenen haben. Außerdem sollten Kinder ihre Freunde selbst aussuchen können – ganz unabhängig davon, ob die Eltern sich jetzt untereinander sympathisch sind oder eben nicht. Zu einem entspannten, ausgeglichenen Familienalltag gehören eben Freunde ebenfalls mit dazu. Freunde der Kinder genau wie die der Eltern und die Zeit mit Gleichaltrigen ist für alle Mitglieder der Familie von großer Bedeutung und sollte nicht unterschätzt werden.

5. Anti-Stress-Rituale der Familie

Immer ist Zeitdruck vorhanden, alles muss durch getaktet und fest geplant sein, ständige Termine für den Kindergarten oder die Grundschule, für den Sport, für Hobbys oder für Freunde können schon Kinder stressen. Nicht nur die Eltern sind bei einem solchen Lebensstil völlig erschöpft – die Kinder sind ebenfalls gestresst und drücken dies auch aus. Wie genau Kinder diesen Stress ausdrücken, ist dabei abhängig von der jeweiligen Persönlichkeit. Trotzanfälle stellen aber sicherlich keine seltene Variante dar. Es ist ja eigentlich auch gar kein Wunder: Wenn doch die Eltern gestresst und überfordert sind, wie soll es dann bei den Kindern anders sein? Eine sehr gute Möglichkeit sind daher Anti-Stress-Rituale, die von der ganzen Familie gelebt werden. Auszeiten wie gemeinsame Spiele, Ruhepausen auf dem Sofa oder im eventuell vorhandenen Garten oder ein kleiner Spaziergang, der ganz gemütlich unternommen wird. Welche Rituale hier perfekt geeignet sind, hängt stark von der jeweiligen Familie und von den einzelnen Persönlichkeiten ab. Tatsache ist dabei, dass die gemeinsame Zeit als Familie hier genauso wichtig ist wie das Entschleunigen an sich.

6. Klare Aufgabenverteilung

Sehr hilfreich in jeder Familie ist eine klare Aufgabenverteilung. Kinder sollten und können Aufgaben mit übernehmen – keine riesigen Dinge, jedoch schon Aufgaben im Haushalt. Sich um Ordnung bemühen und von Anfang an eine gewisse eigene Verantwortung für den reibungslosen Ablauf im Haushalt übernehmen ist hier bei der Entwicklung sehr hilfreich. Wenn alle Familienmitglieder inklusive der Kinder klare Aufgaben haben, treten weniger Missverständnisse auf und der Stress wird direkt von Anfang an reduziert. Es ist gerade für Mütter oft in den ersten Jahren schwer, die Verantwortung der anderen Familienmitglieder klarzumachen. Wenn aber alle Aufgaben an einer Person bleiben, dann ist der Stress schon vorprogrammiert. Deshalb: Klare Aufgaben verteilen, verständlich machen und die Erfüllung wirklich einfordern.

Der Vorteil ist hierbei außerdem, dass die Familie als ein Team angesehen wird, in dem alle Mitglieder ganz wichtig sind. Das hilft sofort und später, da es wichtig ist, als Team zusammenzuarbeiten und diese Fähigkeit vom Teamwork früh zu vermitteln.

7. Die Großeltern nicht vergessen

In den meisten Familien gibt es noch Großeltern, die sehr gerne Zeit mit ihren Enkeln verbringen möchten. Genau das zuzulassen und fest einzuplanen hilft allen Familienmitgliedern weiter, entspannt und reduziert erheblich den Stress innerhalb einer Familie. Die Großeltern können beispielsweise tolle Ausflüge an einem Tag am Wochenende mit den Kindern unternehmen oder für einen spannenden Nachmittag unter der Woche sorgen. Eltern haben dann Zeit für sich, können sich um ihre eigenen Bedürfnisse kümmern und grundsätzlich sind alle Mitglieder der Familie so ruhiger. Deshalb: Binde doch einmal, falls vorhanden und möglich, die Großeltern oder andere Familienmitglieder wie vielleicht die Tante oder den Onkel mit in den Alltag ein. Im nächsten Kapitel erfährst du mehr darüber, warum es so wichtig ist, die eigenen Bedürfnisse auch zu beachten und zu erfüllen.

Nach dem Blick auf Ursachen und Lösungen von Stress in der Familie mit Blick auf die Kinder geht es im kommenden Kapitel erst einmal um die Zeit für sich selbst. Also für Eltern und nicht für Kinder – Nehme deine eigenen Bedürfnisse ernst und nimm dir auch diese Zeit für dich selbst. Unruhe und Stress erkennen Kinder schließlich sofort – und wie sollten Eltern denn nicht gestresst sein, wenn sie sich nie Zeit für sich selbst nehmen und nie eine Pause vom Familienalltag haben?

Zeit für sich nehmen: Bedürfnisse ernst nehmen

Eltern können nur das Beste für ihre Kinder geben, wenn sie die eigenen Bedürfnisse nicht völlig ausblenden. Wer seine Bedürfnisse nicht ernst nimmt und nie Auszeiten nur für sich, ohne Kinder und ohne die Fürsorge für andere hat, neigt langfristig eher dazu, gestresst zu sein. Es gilt eigentlich das gleiche wie bei einer glücklichen Beziehung: Nur wer mit sich selbst glücklich ist, kann dann auch das Glück weitergeben. Das gilt in jedem Fall nicht nur für die Beziehungen im Leben, sondern auch für das Zusammenleben mit Kindern. Durch die eine oder andere Auszeit geht der Stresslevel im Allgemeinen aber sehr stark zurück und das Wohlbefinden steigt auch. Deshalb findest du hier einige Ideen für eine Auszeit ohne Kinder, die am Ende zu einem noch harmonischeren Familienalltag führen. Denn die Geduld mit den Kindern steigt definitiv, wenn die innere Gelassenheit trainiert wird. Das ist dann schon ein Gewinn und macht sich im Alltag der Familie sehr schnell bemerkbar.

Diese Ideen lassen sich, je nach Typ und Geschmack, gut in den Alltag einbauen:

1. Regelmäßig zu einem Sportkurs gehen, der wirklich Spaß macht

Gerade junge Eltern nehmen sich häufig nicht genug Zeit für sich selbst und finden es oft schwer, sich eine Auszeit beim Sport zu gönnen. Dabei ist gerade Sport extrem hilfreich und wichtig, wenn es um mehr Gelassenheit und einen Kontrast zum oft auftretenden Stress geht. Zunächst einmal gilt es daher, sich so zu organisieren, dass ein solches Zeitfenster für den Sport möglich ist. Dann brauchst du aber auch einen Sport oder einen Kurs, der dir wirklich Spaß macht und der dich begeistert. Am Ende sollst du schließlich zufrieden und entspannter dein Training beenden und auf diese Weise viel Geduld für die Kinder gewinnen.

So sorgst du für eine sportliche Auszeit im Alltag:

Zunächst einmal gilt es, sich überhaupt ein passendes Zeitfenster zu schaffen, in dem du zum Sport gehen könntest. Vielleicht kann dein Partner für zwei Stunden beim Kind bleiben oder du wechselst dich mit den Eltern der Freunde deines Kindes ab? Möglichkeiten gibt es da sicher einige, da es ja nicht um endlose Stunden oder um einen ganzen Abend geht, den du dir freihalten musst. Horche im nächsten Schritt einmal in dich hinein: Gibt es einen Sport, den du liebst oder der dir schon immer richtig Spaß gemacht hat? Hast du vielleicht sogar bis vor kurzem genau diesen Sport ausgeübt und musstest diesen dann aus Zeitgründen aufgeben? Egal ob es deinen Lieblingssport schon gibt oder ob du einen solchen erst noch finden musst: Starte so schnell wie möglich damit! Du bist gelassener und nicht zuletzt ein positives, sportliches Vorbild für deine Kinder. Das ist schließlich an diesem Punkt auch nicht zu verachten.

2. Für noch mehr Entspannung: Yoga oder Pilates austesten

Ein Sportkurs ist immer eine Option, doch es gibt neben den zuvor genannten, eher klassischen Optionen auch einige Sportarten, die besonders viel Entspannung versprechen. Dazu gehören vor allem Yoga, Pilates oder auch Qi Gong. Hast du dich schon einmal an einer dieser Sportarten versucht? Wenn nicht, solltest du dir vielleicht einmal eine Probestunde organisieren und falls es dir gefällt, den Sport auch regelmäßig in den Alltag einbauen.

Versuche, dir einen Abend in der Woche freizuhalten

oder suche gezielt nach Kursen, die vielleicht vormittags angeboten werden, während die Kinder im Kindergarten oder in der Grundschule sind. Ganz viele Anbieter bieten spezielle Kurse vor allem für junge Mütter an, die sogar eine Betreuung der Kinder beinhalten. Wer sich auf Yoga oder Pilates einlässt, wird nicht nur mit mehr Beweglichkeit, sondern auch mit einer großen Portion innerer Ruhe belohnt. Hier gilt es vor allem, sich einfach zu trauen und eine Probestunde auszutesten. Schließlich hat jeder der Teilnehmer einmal klein angefangen – und hast du schon einmal jemanden gesehen, der regelmäßig Yoga macht und extrem gestresst ist? Genau, eigentlich passen Yoga und Stress schon als Begriffe nicht zusammen, sodass sich ein Versuch hier ganz sicher lohnt.

3. Meditation am Morgen oder am Abend als festes Tagesritual

Hast du es schon einmal mit Meditation versucht? Tatsächlich hat Meditation nicht umsonst den Ruf, zu mehr innerer Gelassenheit und Ruhe zu führen. Du leerst deinen Kopf, besinnst dich einmal nur auf den Moment und achtest auf deine Atmung. Selbst im anstrengenden Familienalltag ist es ohne weiteres möglich, einige Minuten der Meditation täglich einzubauen. Besonders sinnvoll ist hierbei die Zeit am Morgen oder am Abend – möglich ist aber definitiv auch die Zeit am Nachmittag, wenn gerade der Mittagsschlaf der Kinder ansteht.

So kann deine Meditation aussehen:

Suche dir einen ruhigen Ort und setze dich dort hin. Schließe deine Augen und atme bewusst ein und aus – versuche, deine Gedanken fließen zu lassen, ohne diese zu verurteilen und ohne dich auf einen Gedanken zu konzentrieren. Konzentriere dich auf deine Atmung und lasse mit jedem Ausatmen langsam die innere Anspannung und den Stress aus dir herausfließen.

Es ist ganz normal, am Anfang die Gedanken noch nicht abschalten zu können – genau das wird aber mit der Zeit immer besser. Wenn du dich darauf einlässt, wirst du bald feststellen, dass die Zeit der Meditation fest mit zu deinem Alltag gehört und einfach gut tut. Ideal wäre es, wenn du mit 5 bis 10 Minuten am Tag beginnst – diese kleine Auszeit kann aber schon viel bewirken. Eine solche Zeitspanne ist auch in einem anstrengenden Familienalltag im Normalfall ohne weiteres freizuräumen. Im Anschluss an die Zeit der Meditation ist auch die Geduld wieder größer, die Ruhe ist erneut vorhanden und es fällt leichter, sich wieder um Spiel, Spaß und den Alltag zu kümmern.

4. Bewusst geplante Pausen für eine Massage, ein gutes Buch, einen Film oder ein Hobby nutzen

Struktur in den Tag zu bringen gehört mit zu den größten und vielleicht auch schwersten Aufgaben, die in einer Familie anfallen. Gerade die zusätzliche Struktur bietet aber auch die Möglichkeit, dem Chaos Herr (oder Frau) zu werden. Wenn du einen solchen Tagesplan oder auch einen Wochenplan aufstellen kannst, bleibt dabei ganz gezielt Zeit für eine Pause, die dir persönlich gut tut. Was genau du mit deiner Pause machst, hängt wirklich ganz von deinen Vorlieben ab und davon, was genau dich entspannt.

So könntest du vorgehen:

Nimm dir einen Kalender zur Hand, der eine möglichst genaue Einteilung der Tage und Stunden bietet. Jetzt trägst du darin alle Termine der Tage und der Woche ein.

Beachte auch Zeiten für Kindergarten und die Schule, falls vorhanden und trage auch die normalen Schlafenszeiten ein. Jetzt geht es noch darum, möglichst jeden Tag eine kurze Zeit für eine Pause zu finden. Dabei reicht es schon, wenn es jeden Tag etwa 30 Minuten sind – irgendwo muss ja schließlich ein Anfang entstehen. Dieses Zeitfenster ist dann dein ganz persönliches Zeitfenster, das du wie gewünscht füllen kannst. Halte den Termin mit dir selbst ein und versuche, den Tag so zu gestalten, dass dieser Termin auch wirklich eingehalten wird.

5. Ab und zu einen kinderfreien Tag mit dem Partner planen und genießen

Natürlich steht die Familie erst einmal im Fokus und es geht vor allem darum, sich Zeit für die Kinder zu nehmen. Gemeinsame Ausflüge sind etwas Wunderbares und sollten daher auch nicht fehlen – aber genauso wichtig sind die Auszeiten ohne Kinder, die eine Beziehung stärken und die Eltern entspannen. Daher ist es wichtig, sich ab und zu einen ganz kinderfreien Tag einzurichten und diesen so wie gewünscht zu verbringen.

Tipps für einen kinderfreien Tag:

Plane einmal oder zweimal im Monat bewusst einen Tag ein, der nur dir und deinem Partner gehört. Das gleiche gilt natürlich auch für Alleinerziehende: Ein bis zwei Tage im Monat sollten mit der passenden Strategie schon möglich sein und können sicherlich freigeschaufelt werden. Diese Tage gehören dann nur dir oder euch als Paar, ohne Kinder. Möglichkeiten zur Betreuung der Kinder gibt es sicherlich. Vielleicht können die Großeltern einspringen oder es gibt andere Familienmitglieder, die gerne Zeit mit den Kindern verbringen wollen? Sehr gut eignet sich aber auch die Absprache mit den Eltern der Freunde der Kinder – so kann man sich abwechseln und alle Paare erhalten nacheinander einen solchen freien Tag. Dieser kann dann ganz nach dem eigenen Geschmack gestaltet werden.

6. **Wenn die Kinder schon größer sind: Wie wäre es mit einem ganz entspannten Urlaub oder zumindest einem Wochenende alleine oder zu zweit?**

Diese Idee wird mit ganz kleinen Kindern verständlicherweise nicht funktionieren. Wenn die Kinder größer sind, ist dieser Punkt aber auch sehr interessant und wichtig für die eigene Gelassenheit. Natürlich ist ein gemeinsamer Urlaub mit der ganzen Familie wunderbar und bleibt ewig in Erinnerung. Ab und zu sollte es aber nicht nur bei einem Abend oder einem Tag als Paar bleiben. Etwas ganz Besonderes ist dann ein ganzes Wochenende oder ein Urlaub als Paar. Wie lange genau dieser dauert, wo es hingeht und wer auf die Kinder aufpasst, lässt sich sicherlich mit der entsprechenden Vorbereitung gut lösen.

Eine Idee bei größeren Kindern könnte für diese auch ein Besuch bei Oma und Opa, bei anderen Familienmitgliedern oder in einer Ferienfreizeit sein. Dann habe alle Mitglieder der Familie Spaß an dem Wochenende oder vielleicht sogar nach einer ganzen Woche.

Der Austausch im Anschluss ist bestimmt noch schöner und das gemeinsame Ansehen von Urlaubsbildern kann dann richtig schön gefeiert werden.

7. Herausfinden, was wirklich guttut und eventuell Übungen für mehr Gelassenheit, innere Stärke und gegen den Stress in den Alltag einbauen

Der letzte Punkt ist mit einer der wichtigsten Überhaupt. Jeder Mensch muss seine eigenen Techniken finden und die Dinge erkennen, die am besten gegen Stress helfen. Da wir alle unterschiedlich sind, gibt es hier auch kein einzigartiges Rezept, was helfen kann. Höre in dich hinein und überlege dir dann, was dir selbst gut tut, wann du entspannst und ganz bei dir bist. Du kannst einfach mehr Auszeiten in deinen Alltag einbauen, kannst mit Sport oder mit dem Meditieren beginnen oder regelmäßig kleine Übungen für mehr Gelassenheit in deinen Alltag einbauen. An dieser Stelle findest du eine Übung, die dir auf dem Weg zu mehr innerer Ruhe und gegen Stress hilft. Probiere verschiedene Übungen aus und teste, welche Übung für dich persönlich am besten funktioniert und bleibe dabei geduldig. In manchen Fällen brauchst du mehr als einen Versuch, damit die Übung wirkt – es lohnt sich aber und du wirst im Alltag in der Familie von der zusätzlichen Ruhe und Gelassenheit profitieren.

Eine schöne Übung für mehr Gelassenheit:

Als Beispiel findest du an dieser Stelle eine Übung, die aus dem Bereich des Neurolinguistischen Programmierens kommt und dich mit der Kraft der Visualisierung sofort entspannen kann. Du brauchst für diese Übung einen Moment der Ruhe in einem Raum, in dem du am besten alleine bist.

Schließe dann deine Augen und setze dich entspannt hin. Überlege dir jetzt, womit du dich am besten entspannen kannst. Beruhigen dich beispielsweise das Meer, der Strand oder vielleicht doch eher die grüne Bergwelt mit einer bunten Almwiese davor? Jetzt geht es darum, dir dein entspannendes Bild so genau wie möglich vorzustellen. Versetze dich intensiv hinein und male das Bild in deinen Gedanken aus. Achte beispielsweise auf folgende Punkte:

- Wie sind die Farben in deinem Bild? Stelle dir das Meer, die Berge oder die Wiese in allen Farben vor.
- Was riechst du? Versuche dir vorzustellen, wie du die salzige Meeresbrise oder die frische Bergluft riechst.
- Was fühlst du? Stelle dir vor, wie die Sonne und der Wind über deine Haut streicheln und ein Windhauch deine Haare zerzaust.
- Was hörst du? Vielleicht das Rauschen der Wellen oder das Vogelgezwitscher? Versuche, auch deinen Hörsinn mit in deine Vorstellung einzubauen.

Desto intensiver du dich in dieses Bild hineinversetzen kannst, desto besser. Versuche dafür, alle deine Sinne mit einzubeziehen und du wirst merken, dass du schon nach wenigen Momenten deutlich entspannter sein wirst. Eine solche Übung kannst du mit ein wenig Übung immer dann durchführen, wenn du etwas Ruhe hast und dich möglichst schnell entspannen willst.

Kinder spüren den Unterschied sofort und so gilt es tatsächlich als sehr wichtig, dass Eltern sich auch mal eine Auszeit gönnen. Die Beispiele in diesem Kapitel sind nur einige Möglichkeiten, wie du in Zukunft für eine Auszeit sorgen und dich um deine eigenen Bedürfnisse kommen kannst. Früher wurde ein solches Verhalten teilweise als Egoismus ausgelegt. Dabei ist es nicht nur natürlich, die eigenen Bedürfnisse auch beachten zu wollen, sondern auch schlicht und einfach gesünder. Du wirst den Unterschied jeden Tag mit deiner Familie spüren, da erst Eltern, die auch die eigenen Bedürfnisse erkennen und auf diese eingehen, richtig auf ihre Kinder eingehen können.

Darüber hinaus sollte auch die mentale Stärke nicht unterschätzt werden. Wenn du mental stark, gelassen und nicht hektisch oder genervt bist, kannst du genau das an deine Kinder weitergeben! Deshalb ist es auch so wichtig, nicht nur den Fokus auf das Kind zu legen, sondern auch bei sich selbst anzusetzen. Auf diese Weise sind schon nach kurzer Zeit große Veränderungen möglich, die den Familienalltag und das Miteinander betreffen.

Mentale Stärke gewinnen – und weitergeben!

In unserer heutigen Zeit gewinnt mentale Stärke eindeutig immer mehr an Bedeutung. Es ist wichtig, mit Herausforderungen umgehen zu können, positiv zu denken und motiviert nach vorne zu schauen. Mentale Stärke gewinnen Menschen im Laufe ihres Lebens – die Grundlagen werden aber bereits in der Kindheit gelegt. Es ist daher wichtig und empfehlenswert, schon den Kindern mentale Stärke zu vermitteln und diese auch vorzuleben. Anders gesagt: Eltern sind die besten und am einfachsten zugänglichen Beispiele für Kinder, die auch gerne nachgeahmt werden. Daher macht es für Eltern Sinn, nicht nur für weniger Stress im Alltag zu sorgen, sondern auch gezielt mentale Stärke aufzubauen.

Dafür gibt es tatsächlich verschiedene Wege und vor allem interessante Übungen, die hilfreich sind. Erst einmal soll aber kurz erklärt werden, was mit mentaler Stärke denn überhaupt gemeint ist. Mentale Stärke, auch unter der englischen Bezeichnung „mental toughness“ bekannt, meint starke Überzeugungen und eine mentale Einstellung von Personen, die zu bestimmten, zuvor selbst gesteckten Zielen führen. Mental starke Menschen setzen sich schwierigere Ziele, sind motivierter, geben nicht so schnell auf, können sogar Misserfolge besser verkraften und lassen sich nicht so einfach von ihren einmal gesteckten Zielen abbringen. Selbst gegenüber Ablenkung sind mental starke Menschen nicht so anfällig. Mentale Stärke kommt in vielen Bereichen des Lebens zum Einsatz – beispielsweise in jeder Form des Leistungssports und bei sportlichen Wettkämpfen, in denen ohne die richtige mentale Einstellung einfach gar nichts geht. Stelle dir einmal einen Marathonläufer vor, der keine mentale Stärke aufweist – er würde mit großer Sicherheit scheitern und diesen Marathon wohl kaum bis zum Ende laufen können.

Verschiedene Psychologen haben sich mit dem Begriff und der dahinterstehenden Bedeutung beschäftigt. Wichtig ist mentale Stärke aber nicht nur im Rahmen der Sportpsychologie und für Wettkämpfe. Vielmehr gewinnt jeder einzelne Mensch durch das richtige Mindset, durch mentale Stärke und Kinder können diese gut von ihren Eltern lernen. Schließlich sind die

Eltern immer die großen Vorbilder – diese Funktion sollte nicht unterschätzt werden. Du kannst mentale Stärke selbst gewinnen, aufbauen und dann weitergeben.

Im Jahr 2015 hat der bekannte Psychologe Satow ein Stufenmodell erstellt, welches sich mit der mentalen Stärke beschäftigt. Bevor es zu einigen leicht umsetzbaren Übungen für mentale Stärke geht, sollen die einzelnen Stufen daher kurz erklärt werden:

1. An die eigenen Fähigkeiten glauben

Hier kommen mentale Übungen zum Einsatz, mit denen geübt wird, an die eigenen Fähigkeiten zu glauben. Der Glaube an die eigenen Fähigkeiten befähigt Menschen erst dazu, wirklich etwas zu leisten und sorgt auch dafür, dass Selbstvertrauen aufgebaut wird. Kinder lernen in der Autonomiephase im besten Fall, schon an ihre Fähigkeiten zu glauben und beginnen, ein gesundes Selbstbewusstsein zu entwickeln.

2. Sich auf ein Ziel fokussieren

In dieser Stufe ist es wichtig zu lernen, sich auf ein bestimmtes Ziel zu fokussieren und sich davon nicht immer ablenken oder abbringen zu lassen.

3. Lernen, wie man mit Misserfolgen umgeht

Misserfolge gehören mit zum Leben dazu und sollten niemanden völlig aus der Bahn werfen oder ständig zum Zweifeln an den eigenen Fähigkeiten bringen. Deshalb ist es in dieser Stufe von großer Bedeutung, zu lernen, mit Misserfolgen umzugehen.

4. Lernen, sich immer wieder neue Ziele zu setzen

Ohne Herausforderungen und neue Ziele im Leben würde etwas fehlen – vor allem der Fortschritt, da dann immer alles auf einem Niveau bleibt. Ohne Verbesserungen und ohne neue Ziele gibt es keinen Ansporn. Daher ist es wichtig zu lernen, sich immer wieder neue und motivierende Ziele zu setzen.

Wie kannst du diese Schritte jetzt für dich nutzen? An dieser Stelle findest du einige Übungen, die dabei helfen, die mentale Stärke zu verbessern und zu festigen.

Den Glauben an eigene Fähigkeiten, die Fähigkeit, mit Misserfolgen umzugehen und immer neue Ziele zu setzen, können Kinder dann sehr gut von ihren Eltern lernen. Solche Fähigkeiten sind schließlich immer wieder im Leben von großer Bedeutung und sollten nicht unterschätzt werden.

Übung 1: Realistische Ziele setzen

Wer sich keine Ziele setzt, wird auch nicht viel unternehmen, um diese zu erreichen. Sind die Ziele aber viel zu hoch und unrealistisch gesteckt, erreichen wir sie nicht und sind im Anschluss nur frustriert. Deshalb ist es eine ganz wichtige und nicht zu unterschätzende Übung im Leben, die wir unseren Kindern weitergeben können, sich realistische Ziele zu setzen.

Schreibe dir deine nahen und ferneren Ziele auf und achte dabei darauf, diese wirklich realistisch zu halten. Greife nicht nach den Sternen, sondern suche dir realistische Ziele aus – wie zum Beispiel, dass du einmal in der Woche im Familienalltag Zeit findest, draußen Joggen zu gehen. Dabei sind beispielsweise 10 Kilometer dein Ziel. Ein solches Ziel lässt sich erreichen, wenn du Schritt für Schritt vorgehst und dabei bleibst. Sei ehrlich zu dir und suche dir jetzt ein Ziel aus, welches realistisch und eine Herausforderung ist – und setze dann alles daran, dieses Ziel auch wirklich zu erreichen. Am besten steht auf deinem Zettel auch noch ein Datum, bis zu dem du dieses Ziel erreicht haben musst.

Kinder sehen die Anstrengung und den Fokus auf das Ziel, nehmen die Bemühungen wahr und lernen daraus, dass es sich lohnt, sich solche Dinge vorzunehmen. Das nichts von alleine kommt und es Sinn macht, sich immer wieder Ziele zu stecken, die aber dann auch wirklich erreicht werden sollen.

Übung 2: Positives Denken gewinnt!

Wie oft denken wir eigentlich negativ und lassen kaum positive Gedanken zu? Ist dir schon einmal aufgefallen, wie oft du jeden Tag negative Gedanken hast und wie selten der Fokus wirklich auf den positiven Dingen liegt? Das ist ganz klar ein erlerntes Verhalten, welches du dir nicht weiter zu Herzen nehmen solltest. Viel besser ist der Fokus auf positive Aspekte und Gedanken – es bringt doch auch niemandem etwas, wenn du dich immer nur auf das negative konzentrierst. Das macht unglücklich, unzufrieden und hilft definitiv nicht dabei, sich eine mentale Stärke anzueignen. Ziele können auch nicht erreicht werden, wenn der Fokus falsch, also zu negativ ausfällt! Zeige deinen Kindern, wie viele schöne und positive Dinge es gibt und dass es so viel besser ist, die ganze Aufmerksamkeit darauf zu richten. So etwas lernen Kinder schließlich im Alltag und bekommen vermittelt, dass eben die ganzen negativen Dinge nicht so sehr im Vordergrund stehen.

Schreibe dir jeden Abend drei oder auch fünf positive Dinge auf, die an diesem Tag positiv waren. Spüre die positiven Gefühle und versuche, selbst innezuhalten, wenn du wieder einmal so negativ denkst und deine Aufmerksamkeit gar nicht auf positive Dinge richten kannst. Wie wäre es sonst, wenn du nachmittags mal ein Bild mit deinem Kind malst, in dem die tollen Dinge des Tages festgehalten werden?

Es gibt hier viele Wege, um positiver zu denken. Das macht letztendlich glücklicher und hilft in jedem Fall dabei, die gesteckten Ziele auch zu erreichen und nicht ständig vorher aufzugeben. Bei einem negativen Fokus blockierst du dich immer wieder selbst und wirst dadurch wohl eher nicht das erreichen, was du angestrebt hast.

Übung 3: Die Visualisierung

Nichts kann so sehr Berge versetzen, wie die eigene Vorstellungskraft. Wir stellen uns vor, wo wir hinwollen, wer wir sein wollen und wie wir strahlend unser Ziel erreichen. Das kann durchaus wörtlich gemeint sein, wenn es sich beispielsweise um ein sportliches Ziel handelt. Oder eben im übertragenen Sinne, wenn es kein wirkliches Ziel, jedoch das positive Gefühl beim Erreichen des gewünschten gibt. Visualisierung meint hier nichts anderes als reine Vorstellungskraft und es handelt sich dabei um eine ganz wichtige Fähigkeit, die für Kinder erst einmal normal ist und dann aber auch wieder verlernt wird. Daher wird es Zeit den Kindern schon beizubringen, dass sie an die Kraft ihrer Vorstellungskraft glauben sollen und ganz viel auf diese Weise erreichen können.

Setze dir wie in der ersten Übung beschrieben ein Ziel und stelle dir dann vor, wie du dieses Ziel erreichst.

Male dir die Situation so genau wie möglich in deiner Vorstellung aus – was siehst du, was fühlst du, was hörst du? Wichtig ist, dass du dich dafür an einen ruhigen Ort begibst und dir dein Ziel und das Erreichen von diesem Ziel so genau wie möglich und nicht nur halbherzig vorstellst. Es ist ganz normal, dann mehr dafür zu unternehmen, dieses Ziel auch zu erreichen – schließlich willst du das Bild in deiner Vorstellungskraft erreichen! Du hast quasi ein Bild vor Augen und genau das sollte nicht unterschätzt werden.

Wer mentale Stärke trainiert, kann Kinder in einzelne Übungen einbinden. Gute Ziele setzen, an eigene Fähigkeiten glauben, motiviert und positiv bleiben – diese Dinge können schon im Elternhaus gelernt werden und sind extrem wertvoll. Nicht nur für weniger Stress und mehr Spaß im Familienalltag, sondern schlicht und einfach auch für mehr Zufriedenheit und Glück im Leben der Eltern und der Kinder. Schließlich macht es weder glücklich noch zufrieden, wenn keinerlei Ziele vorhanden sind und auch nicht an eigene Fähigkeiten geglaubt wird. Schließlich hat jeder Mensch, und damit auch jedes Kind, bestimmte Fähigkeiten, die außergewöhnlich sind und die auch genauso behandelt und angesehen werden sollten.

Die Umwelt ausblenden – so kommt kein Stress auf

Im Familienalltag gibt es einige Dinge, die immer wieder für Stress sorgen und die häufig aus der Umgebung kommen. Nicht immer können alle Stressfaktoren direkt ausgeblendet werden – doch es ist möglich, die Umwelt bis zu einem gewissen Punkt auszublenden und Stress so zu vermeiden. Zuvor hast du bereits mehr über die Stressfaktoren erfahren, die innerhalb der Familie und im Alltag auftreten können. An dieser Stelle soll es aber um die von außen kommenden Einflüsse gehen, die sich teilweise ebenfalls negativ auf die Familie und auf das Verhalten der Kinder auswirken können.

Besonders wichtig ist, dass gerade Ereignisse wie Playdates, also Treffen zum Spielen und Kindergeburtstage in einem gewissen Rahmen ablaufen. Klare Regeln sind daher die beste Option, um mit diesen äußeren Stressoren zurechtzukommen. Spreche dich beispielsweise vorher kurz mit den Eltern der anderen Kinder ab, wenn es zu einem Treffen kommt oder wenn zu einem Geburtstag eingeladen wird.

Schließlich hat jede Familie eigene Regeln, die auch eingehalten werden sollten. Es ist daher immer mit weniger Stress verbunden, wenn solche Dinge vor dem Treffen abgesprochen werden und nicht im Anschluss aus dem Ruder laufen.

Grundsätzlich ist es wichtig, den Stress aus der Umwelt möglichst auszublenden und nicht zu nah an sich heranzulassen. Es ist einfach nicht erforderlich, einen absoluten Hype um den nächsten Kindergeburtstag zu machen. Dieser kann schön, kindgerecht und dennoch etwas simpler gestaltet sein. Wichtig ist für alle Eltern darüber hinaus, die ständigen Erziehungsratschläge der Umgebung nicht zu ernst zu nehmen und nicht so wirklich an sich heranzulassen. Dadurch kommt sonst nur wieder mehr Stress in die Familie, der aber vermieden werden sollte.

Zum Ausblenden der Umwelt eignen sich auch gemeinsame Tage innerhalb der Familie, an denen beispielsweise schöne Ausflüge unternommen werden. Rituale innerhalb der Familie eignen sich ebenfalls sehr gut zum Entspannen und sorgen dafür, dass das eigene Team gestärkt und in den Vordergrund gestellt wird. Grundsätzlich macht es heutzutage Sinn, die Umwelt nicht zu sehr in Sachen Stress in das eigene Leben zu lassen. Schließlich soll immer alles perfekt gemacht und umgesetzt werden, kleine und größere Fehler sind scheinbar völlig ausgeschlossen und führen nur dazu, dass es sich um schlechte Eltern handelt. Zumindest in den Augen der Gesellschaft. Da das sicherlich in den selteneren Fällen der Fall ist, sollten Familien Strategien finden, wie Stressfaktoren von außen nicht zu sehr in den Alltag gelassen werden.

Ein entspannter Umgang mit Treffen, mit Geburtstagen, mit anderen wichtigen Ereignissen wie der Einschulung und regelmäßige Techniken, um weniger Stress zuzulassen, ist dann eine sehr große Hilfe. Schließlich kommt es im Zusammenleben schon zu genug Momenten, die sehr viel Stress auslösen können. Da muss von außen nicht noch mehr hinzukommen.

10 zusätzliche Alltagstricks

Zahlreiche Tipps hast du jetzt schon in diesem Buch gefunden, die sicherlich ein wenig mehr Entspannung in den Alltag bringen. An dieser Stelle sollen noch einmal 10 zusätzliche Alltagstricks eingebracht werden, die du ebenfalls mit einbringen kannst. Wichtig ist, die eigene, perfekte Strategie für einen entspannten Alltag in der Familie zu finden. Schließlich hat tatsächlich niemand etwas davon, wenn das Zusammenleben immer so stressig ist und kein Mitglied der Familie zur Ruhe kommen kann. Das überträgt sich in jedem Fall auch auf die Kinder, die die Anspannung immer spüren. Folgende Alltagstricks können für zusätzliche Unterstützung sorgen:

1. Humor im Alltag

Alles immer so ernst zu nehmen und zu sehen führt zu Stress und zu einer negativen Grundstimmung in der Familie. Überlege daher, wo du im Alltag Humor einbringen kannst – das kann schon beim Anziehen am Morgen sein oder bei gemeinsamen Mahlzeiten. Wie wäre es mit lustigen Tiergesichtern auf dem Esstisch oder mit anderen lustigen Ritualen? Möglichkeiten gibt es da ganz viele – viel zu oft kommt der Humor im Alltag zu kurz, dabei macht alles mit einem Lachen doch viel mehr Spaß. Außerdem schüttet Lachen Glückshormone aus und wirkt ganz klar gegen Stress.

2. Terminkalender anpassen

Ein völlig überfüllter Terminkalender ist das Markenzeichen von vielen Familien. Dort sind dann Spiel- und Sporttermine, persönliche Termine, Arzttermine, Familientreffen und vieles mehr zu finden. Ein völlig überfüllter, stetig eng getakteter Kalender lässt aber niemandem Ruhe, um etwas runter zu kommen. Deshalb ist einer der einfachsten und am meisten vernachlässigten Tipps der, den Terminkalender anzupassen und ruhig mal einige Termine rauszuwerfen.

3. Eine To-Do-App mit dem Partner nutzen

Tausend Dinge wollen gekauft und erledigt werden? Statt den Partner immer wieder mit Nachrichten zu stressen oder sich am Ende des Tages vielleicht sogar über nicht erledigte Aufgaben zu streiten gibt es heutzutage eine einfache Lösung: Eine Listen-App, auf die beide zugreifen können. Dort werden die erledigten Aufgaben dann abgehakt, es droht weniger Stress und die Gefahr, abends ohne frische Windeln dazustehen, sinkt ebenfalls.

4. Der kindliche Einkaufszettel

Der gefürchtete Besuch im Supermarkt steht an? Gib deinem Kind einen Zettel, Stifte oder Buntstifte und lasse jetzt je nach Alter einen Einkaufszettel malen oder schreiben. Dadurch ist eine Beschäftigung vorhanden, es wird weniger gequengelt und es können einige dieser Dinge gekauft werden, die auf dem Einkaufszettel stehen oder zu sehen sind. Dabei hängt es natürlich schon davon ab, was am Ende auf dem Einkaufszettel zu finden ist.

5. Ab und zu einfach bestimmen

Zugegeben, es ist nicht einfach, die Kinder im Alltag einzubeziehen und nach ihrer Meinung zu fragen, ohne es zu übertreiben. Natürlich sollen die Kinder dann auch mal gefragt werden, ob sie das Eis oder etwas Anderes haben möchten. Aber eben nicht immer: Daher einfach ab und zu mal als Eltern bestimmen, was gemacht oder gekocht wird. Das geht dann doch schneller und sorgt für weniger Stress. Wichtig ist dabei nur, die richtige Balance zu finden.

6. Ein Eis am Tag

Der Sommer ist da und dein Kind liebt Eis einfach über alles? Kein Problem, wenn das in der Urlaubszeit vorkommt: Ein Eis am Tag ist jetzt mal in Ordnung. Natürlich kein riesiges Eis mit drei Kugeln, jedoch ein kleines Eis. Dabei darf dein Kind selbst entscheiden, wann und wo dieses gegessen werden soll. Die Regel dabei sollte lauten: Einmal täglich und nicht mehrfach. Diese Regel wird vorher besprochen und strikt eingehalten – ganz egal, wie sehr die Kinder quengeln.

7. Die achtsamen Mahlzeiten am Familientisch

Zuvor wurden Smartphones schon einmal als Stressoren genannt – immer mehr greift es auch um sich, dass bei Mahlzeiten die Handys mit dabei sind. Eine entspannende Möglichkeit für achtsame, gemeinsame Mahlzeiten, bei denen die Familienzeit und der Genuss im Vordergrund stehen ist daher eine einfache: Weg damit! Mit dem Verbot, ein Smartphone am Tisch zu nutzen und dieses auf alle Mitglieder der Familie auszuweiten wird die Mahlzeit deutlich entspannter eingenommen. Schließlich sollen gemeinsame Mahlzeiten etwas Schönes, eine Art Auszeit und Ruhepol sein. Das geht mit einem Smartphone aber schlicht und einfach nicht.

8. Ruhiger ins Bett gehen

Probleme damit, dein Kind ins Bett zu bringen und zum Einschlafen zu bringen? Das ist keine Seltenheit und kann mit einem einfachen Trick erleichtert werden: Keinerlei Nutzung von Fernsehern, Smartphones, Tablets und Co. nach 18 Uhr am Abend! Durch die Nutzung der elektronischen Geräte drehen Kinder nämlich erst so richtig schön auf und dann wird jedes Abendritual genau wie das pünktliche Schlafen zum Kampf. Das liegt übrigens nicht zuletzt am Blaulicht der Geräte, durch die das Gehirn nicht richtig zur Ruhe kommt und durch das weniger von dem Schlafhormon Melantonin produziert wird. Gilt auch für die Großen....

9. Der gute alte Speisezettel

Zugegeben: Klingt im ersten Moment altmodisch oder komisch. Kann aber im Alltag viel Stress ersparen, spart Zeit und viel Mühe: Der Speisezettel in Form von einem Wochenplan. Erstelle einmal wöchentlich einen solchen Wochenplan mit allen geplanten Mahlzeiten und passend dazu auch einen Einkaufszettel. Eventuell gibt es an zwei oder drei Tagen auch mal das gleiche oder zumindest die gleiche Grundzutat. Dadurch fällt die gesamte Planung und Organisation der Mahlzeiten deutlich leichter, es muss seltener eingekauft werden und es fällt auch leichter, auf eine ausgewogene Ernährung der Familie zu achten. Geld kannst du mit einer solchen Vorgehensweise ebenfalls sparen! Außerdem: Desto seltener ihr zum Einkaufen müsst, desto seltener können in einem solchen Fall auch die Trotzanfälle im Supermarkt auftreten.

10. Farbgestaltung im Haushalt

Einfach und sehr effektiv ist dieser kleine Trick: Jedes Familienmitglied hat bei allen persönlichen Gegenständen eine eigene Farbe. Das gilt für Waschlappen, Handtücher, Zahnbürsten und Trinkbecher, soweit es möglich ist. Beispielsweise hat der Papa dann die Farbe Grün, die Mama Gelb und das Kind Blau. Das geht in kleinen und in größeren Familien – außerdem können für den besten Freund oder die beste Freundin ebenfalls Gebrauchsgegenstände in einer speziellen Farbe bereitstehen. Dadurch entfällt viel Stress im Alltag, jeder weiß sofort, welche Gegenstände für sich selbst gedacht sind und welche nicht.

Hier zeigt sich auch, dass es gar nicht immer die größten und kompliziertesten Tricks sind, die im Alltag in der Familie Wirkung zeigen können. Welchen Tipp hast du schon ausgetestet, gibt es vielleicht etwas, was du noch austesten wolltest und wo du es bisher noch nicht geschafft hast? Dann ist jetzt der perfekte Moment zur Umsetzung gekommen.

Fazit

Weniger Stress und mehr Spaß im Familienalltag – das klingt im ersten Moment wie ein schwer erreichbarer Traum. Zumindest ist das für viele Familien der Fall, da es zahlreiche Stressfaktoren gibt, die im Zusammenleben und durch den Kontakt mit der Umgebung entstehen. In diesem Buch findest du daher Tipps und Tricks, mit denen der Alltag wesentlich stressfreier gestaltet werden kann. Grundsätzlich steht die Reduzierung von Stress bei Kindern genau wie bei Eltern im Vordergrund – denn mit weniger Stress ist schon eine wichtige Grundlage für eine tolle Familienzeit vorhanden!

Ein weiterer Schwerpunkt liegt auf dem Thema der Trotzphase, da diese in den meisten Familien für großes Potenzial zum Streiten und für viel Stress sorgt. Trotz hat Gründe und klar verständliche Ursachen und es gibt eine Vielzahl von Möglichkeiten, die Anfälle von Trotz abzuschwächen oder von Anfang an zu verhindern. Ganz verhindert werden können und sollen solche Trotzanfälle aber nicht, dass wäre nicht im Sinne einer gesunden Entwicklung. Vielmehr können Eltern lernen, richtig damit umzugehen, für eine Erziehung sorgen, die einige klassische Ursachen von Anfang an ausschließt. Dadurch ist es auch möglich, die Trotzphase ohne allzu viel Stress zu überstehen und gemeinsam als Familie an dieser Herausforderung zu wachsen.

Nicht nur für die Kinder sind die passenden Rahmenbedingungen in der Familie für die Entwicklung, für Glück und Zufriedenheit wichtig. Die Eltern nehmen sich oft stark zurück und achten in Folge davon oft nicht genug auf die eigenen Bedürfnisse. Den persönlichen Stress zu reduzieren, gelassener zu werden und richtig mit Belastungen umzugehen steht daher ebenfalls mit im Fokus von diesem Buch. Denn wie willst du den Stress in deiner Familie reduzieren, wenn du deinen persönlichen Stress nicht in den Griff bekommst? Übungen, Bewegung und Ideen rund um das Thema der Stressreduzierung und der mentalen Stärke sind daher ein wichtiger Bestandteil von diesem Buch.

Zusätzliche Tipps und Tricks für den Alltag können in verschiedenen Situationen die Anspannung reduzieren und sorgen gleichzeitig für mehr Spaß im Alltag. Denn eigentlich sollte der Familienalltag genau das sein: Eine wunderschöne, spannende Zeit mit viel Spaß. Nicht aber eine stressige Zeit, die als große Belastung empfunden wird. Mit dem richtigen Mindset ist es in jedem Fall möglich, gemeinsam weniger Stress zu haben und den Kindern direkt ein tolles Beispiel zu sein. Viel Erfolg bei der Umsetzung der Tipps und viel Spaß in der spannenden Zeit einer jungen Familie!

1. Auflage

Kontakt: Jessica Meißner / Friedrichstr. 31 / 79585 Steinen

Printed in Poland
by Amazon Fulfillment
Poland Sp. z o.o., Wrocław

62635023R00054